LA HISTORIA

LAS ESTACIONES
DEL FERROCARRIL SUBTERRÁNEO

Caroline Kennon
Traducido por Ana María García

Gareth Stevens
PUBLISHING

Please visit our website, www.garethstevens.com. For a free color catalog of all our high-quality books, call toll free 1-800-542-2595 or fax 1-877-542-2596.

Cataloging-in-Publication Data

Names: Kennon, Caroline, author.
Title: Las estaciones del Ferrocarril Subterráneo/ Caroline Kennon, translated by Ana María García.
Description: New York : Gareth Stevens Publishing, 2017. | Series: La historia oculta | Includes index.
Identifiers: ISBN 9781482462234 (pbk. book) | ISBN 9781482461510 (6 pack) | ISBN 9781482462241 (library bound book)
Subjects: LCSH: Underground Railroad–Juvenile literature. | Fugitive slaves–United States–History–19th century–Juvenile literature.
Classification: LCC E450 .K425 2017 | DDC 973.7/115–dc23

First Edition

Published in 2017 by
Gareth Stevens Publishing
111 East 14th Street, Suite 349
New York, NY 10003

Translator: Ana María García
Editorial Director, Spanish: Nathalie Beullens-Maoui
Editor, Spanish: Cristina Brusca
Editor, English: Therese Shea
Designer: Katelyn E. Reynolds

Photo credits: Cover, p. 1 DcoetzeeBot/Wikipedia.org; cover, pp. 1–32 (tear element) Shahril KHMD/Shutterstock.com; cover, pp. 1–32 (background texture) cornflower/Shutterstock.com; cover, pp. 1–32 (background colored texture) K.NarlochLiberra/Shutterstock.com; cover, pp. 1–32 (photo texture) DarkBird/Shutterstock.com; cover, pp. 1–32 (notebook paper) Tolga TEZCAN/Shutterstock.com; p. 5 BrooklynMuseumBot/Wikipedia.org; p. 7 (inset) Cliffswallow-vaulting/Wikipedia.org; pp. 7 (main), 11, 19, 21 Everett Historical/Shutterstock.com; p. 9 JA1BSR~commonswiki/Wikipedia.org; p. 10 Lotsofissues~commonswiki/Wikipedia.org; p. 13 Scewing/Wikipedia.org; p. 15 MGA73bot2/Wikipedia.org; p. 17 MPI/Getty Images; pp. 23, 25 courtesy of the Library of Congress; p. 27 (inset) Fastfission~commonswiki/Wikipedia.org; p. 27 (main) Daniel Case/Wikipedia.org; p. 29 WolfgangKaehler/LightRocket via Getty Images.

Printed in the United States of America

CPSIA compliance information: Batch #CW17GS: For further information contact Gareth Stevens, New York, New York at 1-800-542-2595.

CONTENIDO

Las palabras del glosario se muestran en **negrita** la primera vez que aparecen en el texto.

A BORDO DEL FERROCARRIL SUBTERRÁNEO

En 1831, un esclavo de Kentucky llamado Tice Davids cruzó a nado el río Ohio hacia la libertad. Según cuenta una historia, su propietario vio cómo el esclavo desaparecía al borde del río y comentó: "Debe haberse ido en un ferrocarril subterráneo".

Más de una década después, los periódicos de Nueva York y Boston, Massachusetts, utilizaron este término —*ferrocarril subterráneo*— para describir cómo los esclavos habían escapado misteriosamente de sus dueños. Un informe señaló que un esclavo "cayó en el pasadizo subterráneo de un ferrocarril y fue transportado en uno de los vagones a vapor". Esto no fue el comienzo de un ferrocarril propiamente dicho, sino de un esfuerzo masivo por parte de esclavos y hombres libres por igual para conducir secretamente a miles de esclavos negros hacia la libertad en el Norte.

AL DESCUBIERTO

El destino final para muchos esclavos era Canadá, que a menudo llamaban *La Tierra Prometida*.

CUÁQUEROS AL RESCATE

Hay quien dice que es posible que un sistema organizado para ayudar a esclavos fugitivos pudiera haber comenzado incluso a finales del siglo XVIII. En 1786, George Washington se quejó de que uno de sus esclavos fugitivos había sido ayudado por una "sociedad de cuáqueros, formada expresamente para tales objetivos". Los cuáqueros eran un grupo religioso que estaba pública y firmemente en contra de la esclavitud. En el siglo XIX, los cuáqueros desempeñaron un papel muy importante en el desenvolvimiento y dirección del Ferrocarril Subterráneo.

El Ferrocarril Subterráneo se apoderó de la imaginación de los artistas, aunque normalmente sus dibujos se centraran en experiencias de la vida real.

PRÓXIMA PARADA: LIBERTAD

En los siglos XVIII y XIX, en Estados Unidos, poseer esclavos era algo común. Los esclavos eran en su mayor parte descendientes de africanos. Después de la Revolución Americana, estados del Norte, como Pensilvania y Nueva York, abolieron la esclavitud, pero estados del Sur, como Alabama y Mississippi, la conservaron, principalmente porque su economía dependía de ello. Buscando la libertad, muchos esclavos del Sur intentaron escapar al Norte. A menudo necesitaban ayuda para llegar hasta allí. Esta ayuda se transformó en una red clandestina de gente y lugares que conducían a la libertad.

Así como el término *ferrocarril subterráneo* se hizo popular para identificar a la red, lo mismo ocurrió con otros términos ferroviarios tales como *conductores, pasajeros* y *estaciones*. Se utilizaron para describir a personas y ubicaciones del Ferrocarril Subterráneo.

AL DESCUBIERTO

Los jefes de estación, los conductores y otras personas involucradas en ayudar a los esclavos a conseguir la libertad utilizaban códigos secretos. Asimismo, los esclavos incluían códigos en sus canciones para comunicarse.

TÉRMINOS FERROVIARIOS

En el Ferrocarril Subterráneo, las estaciones eran las casas y comercios donde los esclavos fugitivos podían llegar a esconderse, descansar, comer y dormir. A los dueños de estos lugares, quienes acogían a los esclavos fugitivos, se les llamaba jefes de estación. A quienes aportaban dinero o provisiones a la red se les denominaba accionistas. El conductor era el responsable de mover a los esclavos fugitivos de una estación a otra. Harriet Tubman fue una de las conductoras más famosas.

Harriet Tubman

La crueldad con los esclavos era algo común y a menudo **impune**. Los dueños de los esclavos a veces los encadenaban y azotaban.

Muchos piensan que tanto los **abolicionistas** como los dueños de esclavos **exageraron** en lo referente a la organización del Ferrocarril Subterráneo para beneficiar sus causas. En 1898, el historiador Wilbur H. Siebert publicó mapas detallados de las supuestas rutas del Ferrocarril Subterráneo. A pesar de ello, hoy los historiadores creen que realmente no estaba tan estructurado. El historiador Eric Foner declaró que el Ferrocarril Subterráneo era "una serie de redes locales... que juntas ayudaron a un número sustancial de fugitivos a escapar y llegar a salvo a los estados libres y Canadá".

La mayoría de las personas que ayudaron a los esclavos a alcanzar la libertad eran de raza negra, y generalmente solo conocían los esfuerzos locales para ayudar a los esclavos, pero no conocían la operación global. El Ferrocarril Subterráneo tuvo éxito gracias a la pasión de estas personas a nivel local, y no necesariamente a un sistema de rutas más amplio.

LA LIBERTAD ES LA CURA PARA LA ESCLAVITUD

En 1851, un médico, llamado Samuel Cartwright publicó sus opiniones sobre una condición médica que él llamó "drapetomanía", que era lo que supuestamente hacía que los esclavos intentaran escaparse. Las únicas "curas" eran tratarlos amablemente o azotarlos. Aunque solo unos miles de esclavos se escapaban cada año, estos fugitivos —y quienes en el norte los ayudaban— se convirtieron en una gran preocupación para los dueños de los esclavos sureños. Consideraban que los esclavos eran una propiedad que les habían robado.

Mientras la mayoría de las rutas de Ferrocarril Subterráneo se dirigía al norte, otras apuntaban al sur, hacia México y el Caribe.

El historiador Wilbur Siebert trazó un mapa con muchas supuestas rutas del Ferrocarril Subterráneo, como se puede apreciar en esta imagen.

CAMBIO EN
LA PRÓXIMA ESTACIÓN

Escapar hacia la libertad no era fácil. Los esclavos abandonaban las plantaciones en mitad de la noche, a veces conducidos por un conductor que fingía ser también un esclavo. A menudo viajaban 10 o 20 millas (16 o 32 kilómetros) hasta que llegaban a una estación en la que podían descansar a salvo. Los fugitivos entonces esperaban hasta que la siguiente parada era notificada y preparada para recibirlos. Ayudar a estos esclavos fugitivos era ilegal.

En 1850, fue aprobada la Ley del Esclavo Fugitivo, la cual requería que todos los esclavos fugitivos que fueran capturados tenían que ser devueltos a sus amos. La gente que ayudaba a los esclavos era castigada. La ley también se aplicaba a los esclavos fugitivos escondidos en los estados libres.

CAUTION!!

COLORED PEOPLE
OF BOSTON, ONE & ALL,
You are hereby respectfully CAUTIONED and advised, to avoid conversing with the
Watchmen and Police Officers of Boston,
For since the recent ORDER OF THE MAYOR & ALDERMEN, they are empowered to act as
KIDNAPPERS
AND
Slave Catchers,
And they have already been actually employed in KIDNAPPING, CATCHING, AND KEEPING SLAVES. Therefore, if you value your LIBERTY, and the Welfare of the Fugitives among you, Shun them in every possible manner, as so many HOUNDS on the track of the most unfortunate of your race.
Keep a Sharp Look Out for **KIDNAPPERS**, and have **TOP EYE** open.
APRIL 24, 1851.

AL DESCUBIERTO
La Ley del Esclavo Fugitivo fue apodada "Ley del Sabueso". A veces se utilizaban perros para rastrear esclavos.

ESCLAVOS DISFRAZADOS

A veces los esclavos fugitivos tenían que utilizar trenes para recorrer distancias más largas o embarcaciones para cruzar por el agua. Cuando los esclavos usaban estas formas de transporte, no podían parecer esclavos o la gente sabría que estaban huyendo. Tenían, sin embargo, que parecer negros libres, lo que conllevaba vestir ropa diferente a la habitual y que no resultara harapienta. Tanto el transporte como la ropa costaban dinero. Generalmente este dinero era donado por personas generosas o recaudado por grupos contrarios a la esclavitud.

Con frecuencia, los esclavos tenían que escaparse en la oscuridad y hacer el recorrido bajo lluvia o nieve.

LA CONDUCTORA TUBMAN

El Ferrocarril Subterráneo tuvo muchos conductores y jefes de estación famosos. Probablemente la conductora más conocida fue Harriet Tubman. Se dice que ayudó a salvar a más de 300 esclavos (aunque, con seguridad, se sabe que ayudó a 70). Tubman dijo a Frederick Douglass, el esclavo fugitivo que se hizo famoso abolicionista y escritor, que ella "nunca perdió a un solo pasajero" en sus trayectos en el Ferrocarril Subterráneo.

Tubman nació esclava en Maryland, en 1820 o 1821. En 1849, pensando que iba a ser vendida, abandonó su plantación a pie y caminó hasta Pensilvania. Al año siguiente, regresó a Maryland a buscar a su hermana y a los hijos de esta. En su tercer viaje, rescató a su hermano. Cada vez que estaba a salvo, sentía la necesidad de regresar para ayudar a otros.

AL DESCUBIERTO

Harriet Tubman era conocida como Moisés, como el líder de la Biblia que liberó a su pueblo de la esclavitud. Frederick Douglass dijo: "no sé de nadie que voluntariamente se haya enfrentado a más peligros y dificultades para ayudar a nuestros esclavos".

HARRIET, LA ESPÍA

Harriet Tubman trabajó incluso como espía de la **Unión** durante la Guerra Civil Americana (1861-1865). Todas aquellos viajes entre el norte y el sur conduciendo a los esclavos hacia la libertad hicieron que conociera muy bien el lugar. En ocasiones se hacía pasar por esclava en sus viajes. Colaboró conun grupo de esclavos que había obtenido su libertad, proporcionando informes sobre los movimientos de las tropas **Confederadas**. Tubman también trabajó como cocinera y enfermera.

LA ESCLAVITUD
Y LA GUERRA CIVIL

Noviembre de 1860: Abraham Lincoln es elegido presidente.

Diciembre de 1860: Los estados del Sur anuncian que se separarán de Estados Unidos.

Abril de 1861: El ejército Confederado ataca el Fuerte Sumter en Carolina del Sur, dando comienzo a la Guerra Civil.

Enero de 1863: Lincoln presenta la Proclamación de Emancipación, que establece la libertad de todos los esclavos de los Estados Confederados.

Julio de 1863: El ejército de la Unión gana una importante batalla en Gettysburg.

Septiembre – Diciembre de 1864: El general de la Unión William T. Sherman toma Atlanta y Sabana en Georgia.

Abril de 1865: El general del ejército Confederado Robert E. Lee se rinde al general de la Unión Ulysses S. Grant, terminando así la guerra.

Abril de 1865: Lincoln es asesinado.

Diciembre de 1865: La Decimotercera Enmienda suprime la esclavitud.

En abril de 2016, el Departamento del Tesoro de Estados Unidos anunció que la imagen de Andrew Jackson sería sustituida por la de Harriet Tubman en el billete de $20.00.

LA IGLESIA PLYMOUTH CHURCH OF THE PILGRIMS

Las estaciones del Ferrocarril Subterráneo se encontraban ocultas a través de todo el país. Muchas eran casas privadas, pero otras eran edificios públicos. Una de estas estaciones era la iglesia Plymouth Church of the Pilgrims, en Brooklyn, Nueva York. Un conductor del Ferrocarril Subterráneo llamado Charles B. Ray trajo esclavos a la iglesia Plymouth desde Manhattan. Los fugitivos probablemente se escondieron en el sótano.

El ministro de esta iglesia era Henry Ward Beecher, hermano de la autora Harriet Beecher Stowe, quien escribió la novela contra la esclavitud titulada *La cabaña del tío Tom*. Henry Beecher era igualmente famoso por sus **prédicas** contra la esclavitud. Cada semana aproximadamente 2,500 personas asistían a la iglesia de Plymouth para escuchar sus sermones. Beecher alentaba a la gente a oponerse a la esclavitud y a desobedecer la Ley del Esclavo Fugitivo. Sus sermones eran publicados y difundidos.

AL DESCUBIERTO

Abraham Lincoln habló contra la esclavitud en la iglesia Plymouth Church of the Pilgrims en 1860. Es la única iglesia de la ciudad de Nueva York que él visitó.

CAMBIO DE ESTACIÓN EN BROOKLYN

La iglesia Plymouth Church of the Pilgrims era conocida como la Gran Estación Central de Brooklyn, pues acogió y cuidó a muchos esclavos fugitivos. No solo los acogió; Beecher también alentó a su **congregación** a participar activamente y apoyar el Ferrocarril Subterráneo. Quería que la gente entendiera lo terrible que era la esclavitud. De vez en cuando organizaba **subastas** simuladas de esclavos en su iglesia para demostrar la crueldad de la esclavitud.

Grabado sobre madera de C. H. Wells que muestra cómo era la iglesia Plymouth en 1866.

EL FUERTE MONROE

El fuerte Monroe era una base militar utilizada como estación del Ferrocarril Subterráneo. Situado en Virginia, fue uno de los únicos edificios militares del sur controlados por la Unión durante la Guerra Civil.

En 1861, los esclavos pertenecientes al coronel confederado Charles Mallory se encontraban trabajando en proyectos militares confederados cerca del fuerte cuando escucharon que iban a ser trasladados a Carolina del Norte, más adentro del territorio confederado. Por ello, el 23 de mayo, buscaron refugio en el fuerte Monroe. El general Benjamin F. Butler se negó a devolver los esclavos a sus amos como lo requería la Ley del Esclavo Fugitivo, alegando que eran **contrabando** de guerra.

En agosto de 1861, el Congreso aprobó la Ley de Confiscación, que permitía a la Unión confiscar, o tomar, cualquier propiedad de los Confederados, y los esclavos eran considerados una propiedad.

AL DESCUBIERTO

El fuerte Monroe fue conocido como la Fortaleza de la Libertad.

EL TRABAJO EN EL FUERTE MONROE

Una vez aprobada la Ley de Confiscación, miles de esclavos comenzaron a viajar al fuerte Monroe. Cuando la guerra acabó en 1865, más de 10,000 esclavos habían acudido al fuerte por seguridad. Estos esclavos trabajaron allí para ganar su sustento. Esto sirvió de argumento a algunos para decir que los esclavos no eran realmente libres y que únicamente habían cambiado de dueños. Incluso Harriet Tubman trabajó allí. Fue enfermera, cocinera y lavandera.

El fuerte Monroe se construyó como un puesto de defensa costera, después de la guerra de 1812.

LA CASA DEL
DR. NATHAN THOMAS

El Dr. Nathan Thomas fue el primer médico en el Condado de Kalamazoo, Michigan. Sus fuertes convicciones lo condujeron a la creación de un periódico en Michigan en contra de la esclavitud. Entre los años 1840 y 1860, Thomas y su esposa Pamela Brown Thomas ayudaron al Ferrocarril Subterráneo. Su casa en Michigan fue una estación en la que pararon entre 1,000 y 1,500 esclavos. Estos esclavos con el tiempo fueron trasladados a Canadá vía Detroit.

Los Thomas, que eran cuáqueros, proporcionaban comida, remendaban ropa y curaban las heridas de los esclavos fugitivos. Lo hacían de noche y en secreto, aunque los vecinos lo sabían, e incluso los ayudaban con comida. Las **memorias** de Pamela Brown Thomas, escritas en 1892, ofrecen mucha información sobre sus actividades en el Ferrocarril Subterráno.

AL DESCUBIERTO

El famoso abolicionista Levi Coffin, al que se referían como presidente del Ferrocarril Subterráneo, dirigía la actividad de la Vía Cuáquera.

VIAJANDO POR LA VÍA CUÁQUERA

Los esclavos que llegaron a la casa de Thomas lo hicieron en la "Vía Cuáquera", nombre otorgado a una serie de estaciones de Michigan del Ferrocarril Subterráneo. Se cree que John Cross, un cuáquero de Indiana fue uno de sus organizadores. También **reclutó** a conductores locales, como los Thomas. Cross se implicó tanto en el Ferrocarril Subterráneo que se ganó el título de superintendente, acogiendo esclavos en el colegio universitario Wheaton, en Illinois, donde era presidente.

Esta ilustración muestra el desembarco de esclavos fugitivos. Luego viajarían en un carro de caballos; otra manera de continuar su larga ruta hacia la libertad.

LA CASA DE HENDERSON LEWELLING

Salem fue la primera comunidad cuáquera en el estado de Iowa. Henderson Lewelling se mudó allí con su hermano en 1837 para abrir una tienda. Lewelling ayudó a establecer la llamada *Reunión Mensual de Amigos de la Abolición*, a la que asistían no solo los cuáqueros que se oponían a la esclavitud, sino los que querían ayudar a los esclavos fugitivos. La casa de Lewelling era la sede de las reuniones mensuales, así como una estación del Ferrocarril Subterráneo, que acogía a los esclavos en su viaje hacia la libertad. Salem está a solo 25 millas (40 kilómetros) de Misuri, que era un estado esclavista.

En la casa se construyeron escondites. Una trampilla conducía a estos lugares ocultos. Un túnel debajo de la casa, conectado a una chimenea en el sótano, permitía a los fugitivos escapar fácilmente cuando llegaban los cazadores de esclavos.

AL DESCUBIERTO

Lewelling y su hermano fueron los primeros en plantar árboles frutales en Iowa. Más tarde se trasladó a California y fundó la comunidad de Fruitvale. Es conocido como el padre de la industria frutícola del Pacífico.

AL SUR DE LA FRONTERA

Un conocido propietario de esclavos de Misuri, Ruel Daggs, fue a casa de Lewelling con hombres armados amenazando a sus residentes y a la ciudad entera de Salem. En cualquier caso, fracasó en su intento de recuperar a sus esclavos. Según el *Diario de Iowa de Historia y Política*, "Daggs, finalmente se dio cuenta de la dificultad de poder mantener esclavos tan cerca del estado libre de Iowa, y **consideró** vender a sus esclavos en el sur, de manera que no tuviera necesidad de mantener una constante vigilancia para proteger su valiosa propiedad".

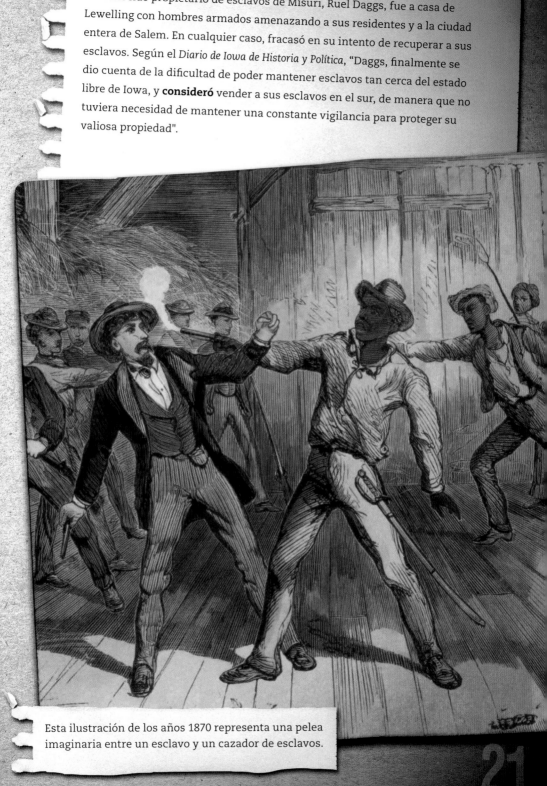

Esta ilustración de los años 1870 representa una pelea imaginaria entre un esclavo y un cazador de esclavos.

LA CASA MILTON

Joseph Goodrich nació en 1800 en una familia de Massachusetts que profesaba la religión Baptista del Séptimo Día. Los baptistas del Séptimo Día estaban vehementemente en contra de la esclavitud. En 1838, Goodrich viajó a Wisconsin con otros baptistas del Séptimo Día y fundaron la ciudad de Milton, situada cerca del río Rock, un **afluente** del río Mississippi, y una ruta para los esclavos fugitivos hacia Canadá.

Goodrich construyó una posada llamada Casa Milton alrededor de 1845, que fue también refugio para esclavos fugitivos. Para evitar que los huéspedes de la posada los vieran, los esclavos fugitivos entraban en una cabaña de madera situada detrás de la posada. Una trampilla en el sótano de la cabaña conducía a un túnel que llevaba al sótano de la posada. Allí, Goodrich les suministraba comida y camas.

AL DESCUBIERTO

La Casa Milton es la única parte del Ferrocarril Subterráneo en Wisconsin abierta al público.

GATEANDO HACIA LA LIBERTAD

El túnel que iba de la cabaña de Goodrich a la posada era de entre 3 a 5 pies (0.9 a 1.5 metros) de alto y fue construido después de que la posada había sido terminada. El túnel era tan pequeño que los esclavos fugitivos tenían que gatear lentamente sobre sus manos y rodillas en una total oscuridad a lo largo de 45 pies (13.7 metros), del sótano de la cabaña al sótano de la Casa Milton. Esta estación del Ferrocarril Subterráneo estaba parcialmente bajo tierra.

Una parte de la Casa Milton tiene forma de hexágono, es decir tiene seis lados.

LA ESTANCIA DE GERRIT SMITH

En 1835, el abolicionista Gerrit Smith asistió a una conferencia en Utica, Nueva York, donde seiscientos antiesclavistas se reunieron en una iglesia. Un grupo grande de **amotinadores** asaltó el edificio durante la reunión, forzándola a que terminase. Smith ofreció celebrar la reunión en su propia estancia en Peterboro, Nueva York. Estos acontecimientos condujeron a Smith a ser el presidente de la Sociedad Antiesclavista de Nueva York, entre 1836 y 1839. Durante este tiempo, alentó a los abolicionistas a ayudar a escapar a los esclavos.

En los años 1840 y 1850, Smith también fue jefe de estación en el Ferrocarril Subterráneo. Su estancia era considerada un lugar seguro para los esclavos en su camino hacia Canadá. Fue también un centro financiero e intelectual del movimiento antiesclavista.

AL DESCUBIERTO

La prima de Gerrit Smith fue la famosa líder defensora de los derechos de la mujer, Elizabeth Cady Stanton.

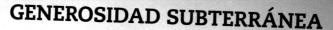

GENEROSIDAD SUBTERRÁNEA

Gerrit Smith fue un hombre generoso, que con frecuencia daba dinero a los abolicionistas para gastos y publicaciones. ¡Se estima que dio más de 8 millones de dólares a lo largo de su vida, lo que hoy en día serían más de 1 billón de dólares! Smith consideraba su riqueza como un regalo de Dios que debía utilizar para ayudar a otros. Compró tanto a esclavos como a familias enteras de esclavos directamente de sus dueños. Algunos opinaban que no debía dar dinero a los dueños de los esclavos, sino a las organizaciones que luchaban contra la esclavitud.

Retrato de Gerrit Smith, quien le dio dinero a John Brown para saquear un depósito de armas en Harpers Ferry, Virginia, en 1859. Este intento de comenzar una rebelión de esclavos fracasó.

LAS PROPIEDADES DE NATHAN Y MARY JOHNSON

No todas las estaciones del Ferrocarril Subterráneo eran casas y comercios de abolicionistas blancos. Nathan y Mary "Polly" Johnson eran cuáqueros negros libres que vivían en New Bedford, Massachusetts. Poseían un bloque entero de propiedades y ayudaron a muchos esclavos fugitivos, incluyendo al famoso abolicionista Frederick Douglass. La casa de los Johnson fue el primer lugar donde llegó Douglass después de escapar de la esclavitud en 1838. Douglass escribió que Johnson "... vivía en... una casa mejor... era el propietario de más libros, el lector de más periódicos... que nueve de cada diez dueños de esclavos en Talbot County (Maryland)".

Después de que Nathan se fue a California por la Fiebre del Oro en 1849, Polly acogió al menos a un esclavo fugitivo más. Polly ayudó a pagar y a mantener sus propiedades en New Bedford vendiendo dulces y pasteles.

AL DESCUBIERTO
La casa de los Johnson es hoy un monumento histórico nacional.

LA COMUNIDAD ABRE SUS PUERTAS

En 1853, New Bedford tenía la población más grande de afroamericanos que cualquier otra ciudad del noreste. Casi el 30% de estos residentes confirmaron que habían nacido en el sur. El número de esclavos fugitivos fluctuaba entre 300 y 700. Algunas escuelas y barrios de New Bedford los **integraron**, algo poco común en aquel tiempo. Massachusetts era uno de los únicos cinco estados que permitían votar a los negros. Esto atrajo a muchos otros negros libres y a esclavos fugitivos.

Frederick Douglass

La casa de los Johnson es hoy la sede de la Sociedad Histórica de New Bedford.

MÁS ESTACIONES POR DESCUBRIR

Hoy conocemos docenas de estaciones del Ferrocarril Subterráneo. Este libro solo nombra algunos de estos lugares y algunas de las personas valientes que les ofrecieron refugio a los esclavos hasta que la esclavitud finalmente fue abolida en 1865.

Muchas estaciones ya no existen e, indudablemente, algunas estaciones ni siquiera fueron registradas. Sus rutas y la gente que actuó como conductores y jefes de estación permanecen en secreto. Pero gracias a estas estaciones y a estas personas, miles de esclavos encontraron su libertad.

Incluso hoy, los ciudadanos descubren túneles o trampillas en sus viejas casas y se preguntan si viven en un lugar en el que se ayudó a los esclavos en su camino a la libertad. La mayoría nunca lo sabrá. Sin embargo, una visita a una estación del Ferrocarril Subterráneo puede transportarnos al pasado y hacernos vivir esta historia oculta.

AL DESCUBIERTO

Algunos historiadores estiman que aproximadamente 100,000 esclavos escaparon gracias al Ferrocarril Subterráneo.

FERROCARRIL EXTERIOR

No todas las estaciones se encontraban tan ocultas. Muchos abolicionistas hacían públicas sus opiniones y acciones a pesar de las consecuencias. El gobernador de Nueva York de 1839 a 1842, William Seward, apoyó abiertamente el Ferrocarril Subterráneo y escondió esclavos en el sótano de su casa siendo senador. Algunas ciudades del norte incluso celebraban ventas de dulces para conseguir dinero para ayudar al Ferrocarril Subterráneo, pidiendo a la gente que compraran "para ayudar a un esclavo".

Monumentos como este en Detroit, Michigan, honran el valor de aquellos que se expusieron a viajar en el Ferrocarril Subterráneo.

GLOSARIO

abolicionista: quien luchó para terminar con la esclavitud.

afluente: corriente que fluye hacia un río más grande o un lago.

amotinador: alguien que se comporta de una manera violenta o no controlada.

Confederado: relativo a los Estados Confederados de América, estados que se separaron de Estados Unidos durante la Guerra Civil Americana.

congregación: asamblea o reunión de personas, especialmente para un servicio religioso.

considerar: pensar algo profunda o cuidadosamente.

contrabando: cosas que se meten o se sacan de un país de manera ilegal.

exagerar: pensar o describir algo de manera mucho mayor de lo que realmente es.

impune: sin castigo.

integrar: brindar las mismas oportunidades a todas las razas.

memorias: relato escrito del pasado en el que alguien describe experiencias personales.

prédica: discurso en el que se dan consejos o recomendaciones morales.

reclutar: convencer a alguien para unirse a una actividad.

subasta: venta pública en la que las cosas son vendidas a quien más paga.

Unión: estados del Norte durante el período de la Guerra Civil Americana.

PARA MÁS INFORMACIÓN

LIBROS

Doak, Robin S. *Harriet Tubman.* New York, NY: Children's Press, 2016.

Lassieur, Allison, and Matt Doeden. *The Civil War Experience: An Interactive History Adventure.* North Mankato, MN: Capstone Press, 2013.

McDonough, Yona Zeldis. *What Was the Underground Railroad?* New York, NY: Grosset & Dunlap, 2013.

SITIOS DE INTERNET

American Civil War: Underground Railroad
www.ducksters.com/history/civil_war/underground_railroad.php
Este sitio incluye enlaces de gente famosa involucrada en el Ferrocarril Subterráneo y en la Guerra Civil.

The Underground Railroad: Escape from Slavery
teacher.scholastic.com/activities/bhistory/u nderground_railroad/
Sigue el recorrido de un hombre desde una plantación hacia la libertad.

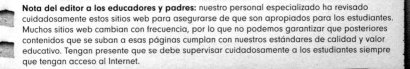

ÍNDICE